Table des matiè

Conseils d'enseignement.............................1

Exercices d'écriture.................................. 4

Autres exercices d'écriture...................... 58

Exercice d'écriture - Les nombres........... 63

Exercice d'écriture - Les couleurs............. 66

Défi d'écriture cursive............................. 68

Exercice d'écriture - Les jours.................. 69

Exercice d'écriture - Les mois.................. 70

Exercice d'écriture - Les saisons 72

Exerce-toi à signer ton nom!................... 73

Ta collection de signatures! 74

Exerce-toi à écrire!................................. 75

Grille d'évaluation.................................. 78

Tableau de progression 79

Certificats 80

Pourquoi enseigner l'écriture?

Encore de nos jours, l'écriture reste une compétence essentielle, reliée aux habiletés en lecture et à la compréhension de textes. L'écriture personnalise la communication, ce que ne peuvent pas faire les outils technologiques. Écrire de manière soignée et lisible est une compétence dont les élèves seront fiers et qui leur sera utile tout au long de leur apprentissage et de leur vie.

Conseils et suggestions pour l'enseignement de l'écriture cursive

• Enseignez dans de petits groupes, dans le cadre de séances d'écriture cursive modelée.

• Montrez aux élèves les mêmes mots en écriture script et en écriture cursive, puis invitez-les à en expliquer les ressemblances et les différences. Par exemple, en écriture cursive, les lettres d'un mot sont jointes, tandis qu'en écriture script, elles sont séparées.

• Signalez aux élèves qu'en écriture cursive, les lettres commencent et se terminent habituellement par une petite « queue ». Ce sont ces « queues » qui permettent de joindre les lettres.

• Expliquez aux élèves qu'en écriture cursive, ils ne doivent pas écarter le crayon de la page avant que le mot complet ne soit écrit. Faites-en la démonstration. Seules quelques lettres, comme le « T » (majuscule) ne sont pas jointes au reste du mot.

Conseils d'enseignement

- Enseignez ensemble les lettres qui sont tracées de manière semblable. Par exemple :

c a d g	*h t p*	*e l f*	*w y x j*
k r s	*u b v*	*m n*	*x z q*

- Modelez le tracé des lettres sur une feuille grand format ou un tableau effaçable. Décrivez vos mouvements à voix haute. Soulignez aux élèves l'alignement, la forme et l'inclinaison des lettres.

- Invitez les élèves à tracer les lettres en l'air avec de grands mouvements des bras.

- Servez-vous des feuilles d'exercices de ce cahier dès que vous avez fini une leçon. Demandez aux élèves d'encercler leur plus belle lettre sur chaque ligne, une bonne façon pour eux de s'autoévaluer. Invitez-les à expliquer pourquoi ils ont choisi cette lettre.

- Pendant qu'ils s'exercent à écrire, rappelez-leur de s'asseoir dans la bonne posture. Un dos courbé exerce un stress sur la colonne vertébrale de jeunes enfants.

- Pendant que les élèves s'exercent à écrire, vous pourriez faire jouer de la musique classique afin de créer une ambiance stimulante.

Techniques de motivation

Voici quelques idées qui inciteront vos élèves à s'exercer à écrire. Ils vont suivre leurs progrès, se sentir fiers de leur travail et avoir quelque chose de concret à montrer après tous leurs efforts.

- Placez les feuilles d'exercices de chaque élève dans une chemise ou un album, ou reliez les feuilles pour en faire un livre.

- Chaque fois que les élèves terminent une leçon d'écriture avec succès, invitez-les à colorier leur tableau de progression, dont vous trouverez un exemplaire dans ce cahier.

- Remettez aux élèves plus avancés de courts poèmes ou comptines qu'ils pourront transcrire sur d'autres feuilles. Encouragez-les à illustrer ensuite les feuilles, puis reliez-les pour en faire un livre.

Conseils d'enseignement

Soutien à fournir

La classe est un milieu qui encourage l'apprentissage de l'écriture, tout comme l'attention que vous prêtez aux besoins individuels de vos élèves. Voici quelques conseils et suggestions pour aider vos élèves à apprendre à écrire lisiblement :

• Affichez dans la classe l'alphabet en écriture cursive, de manière que tous les élèves puissent le voir. Vous pourriez fixer au pupitre ou à la table d'élèves en difficulté des photocopies de l'alphabet montrant la formation des lettres.

• Profitez de toutes les occasions offertes pour modeler une écriture lisible.

• Rappelez aux élèves qu'ils doivent tenir leur crayon de la manière appropriée.

• Assurez-vous que les crayons des élèves sont bien taillés.

• Si quelques élèves ont de la difficulté à tracer une lettre particulière, regroupez-les ou rencontrez-les individuellement pour les aider

Motricité fine et renforcement des muscles des doigts

Les activités ci-dessous accroissent la dextérité manuelle des élèves et renforcent les muscles de leurs doigts :

• créer de petites boules ou des sculptures détaillées avec de la pâte à modeler;

• bricoler avec des craies ou des ciseaux, faire de la peinture au doigt ou déchirer du papier;

• faire une chaîne avec des trombones;

• utiliser de petites briques à assembler par pression des doigts;

• faire des casse-tête;

• s'exercer à lacer ou à coudre;

• découper, coller et plier du papier.

Évaluation des progrès

• Servez-vous de la grille d'évaluation de ce cahier pour évaluer le travail de vos élèves.

Exercices d'écriture

Trace les lettres minuscules.

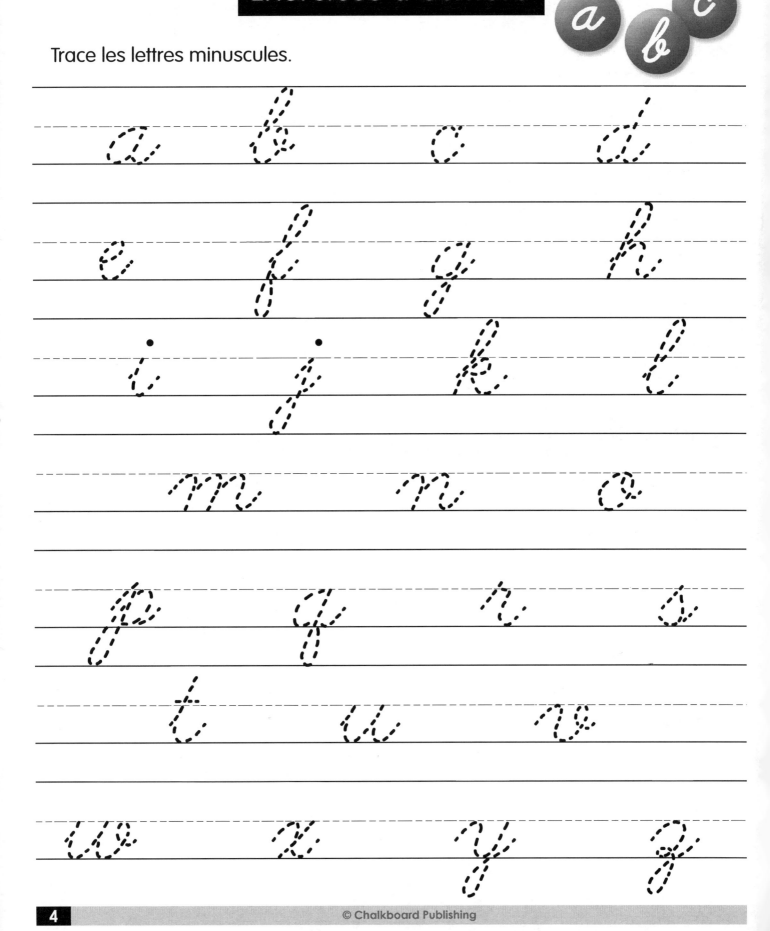

Trace les lettres majuscules.

$\mathcal{A}$　　$\mathcal{B}$　　$\mathcal{C}$　　$\mathcal{D}$

$\mathcal{E}$　　$\mathcal{F}$　　$\mathcal{G}$　　$\mathcal{H}$

$\mathcal{I}$　　$\mathcal{J}$　　$\mathcal{K}$　　$\mathcal{L}$

$\mathcal{M}$　　$\mathcal{N}$　　$\mathcal{O}$

$\mathcal{P}$　　$\mathcal{Q}$　　$\mathcal{R}$　　$\mathcal{S}$

$\mathcal{T}$　　$\mathcal{U}$　　$\mathcal{V}$

$\mathcal{W}$　　$\mathcal{X}$　　$\mathcal{Y}$　　$\mathcal{Z}$

Trace les lettres, puis écris les mêmes lettres.
Encercle ton plus beau « $\mathcal{A}$ » ou « a » sur chaque ligne.

Trace les lettres, puis écris les mêmes lettres.
Encercle ton plus beau « *B* » ou « *b* » sur chaque ligne.

Trace les lettres, puis écris les mêmes lettres.
Encercle ton plus beau « C » ou « c » sur chaque ligne.

Trace les lettres, puis écris les mêmes lettres.
Encercle ton plus beau « $\mathcal{D}$ » ou « d » sur chaque ligne.

Trace les lettres, puis écris les mêmes lettres.
Encercle ton plus beau « *É* » ou « *e* » sur chaque ligne.

Trace les lettres, puis écris les mêmes lettres.
Encercle ton plus beau « $\mathcal{F}$ » ou « f » sur chaque ligne.

Trace les lettres, puis écris les mêmes lettres.
Encercle ton plus beau « *G* » ou « *g* » sur chaque ligne.

Trace les lettres, puis écris les mêmes lettres.
Encercle ton plus beau « ℋ » ou « ℎ » sur chaque ligne.

Trace les lettres, puis écris les mêmes lettres.
Encercle ton plus beau « *l* » ou « *i* » sur chaque ligne.

l l l l l l l l l l l

l

l

l

i i i i i i i i i i i i i i i i i

i

i

ie

ia

il

in

Trace les lettres, puis écris les mêmes lettres.
Encercle ton plus beau « $\mathcal{J}$ » ou « j » sur chaque ligne.

Trace les lettres, puis écris les mêmes lettres.
Encercle ton plus beau « $\mathcal{K}$ » ou « k » sur chaque ligne.

$\mathcal{K}$ $\mathcal{K}$ $\mathcal{K}$ $\mathcal{K}$ $\mathcal{K}$ $\mathcal{K}$ $\mathcal{K}$ $\mathcal{K}$ $\mathcal{K}$ $\mathcal{K}$ $\mathcal{K}$

$\mathcal{K}$

$\mathcal{K}$

$\mathcal{K}$

k k k k k k k k k k k k k

k

k

ki

ke

ko

ka

Trace les lettres, puis écris les mêmes lettres.

Encercle ton plus beau « $\mathcal{L}$ » ou « l » sur chaque ligne.

$\mathcal{L}$ $\mathcal{L}$ $\mathcal{L}$ $\mathcal{L}$ $\mathcal{L}$ $\mathcal{L}$ $\mathcal{L}$ $\mathcal{L}$ $\mathcal{L}$ $\mathcal{L}$

$\mathcal{L}$

$\mathcal{L}$

$\mathcal{L}$

l l l l l l l l l l l l l l l l

l

l

le

lo

la

li

Trace les lettres, puis écris les mêmes lettres.
Encercle ton plus beau « $\mathcal{M}$ » ou « m » sur chaque ligne.

© Chalkboard Publishing

Trace les lettres, puis écris les mêmes lettres.
Encercle ton plus beau « $\mathcal{N}$ » ou « $\mathcal{n}$ » sur chaque ligne.

Trace les lettres, puis écris les mêmes lettres.
Encercle ton plus beau « O » ou « o » sur chaque ligne.

Trace les lettres, puis écris les mêmes lettres.
Encercle ton plus beau « P » ou « p » sur chaque ligne.

Trace les lettres, puis écris les mêmes lettres.
Encercle ton plus beau « 2 » ou « q » sur chaque ligne.

Trace les lettres, puis écris les mêmes lettres.
Encercle ton plus beau « *R* » ou « *r* » sur chaque ligne.

Trace les lettres, puis écris les mêmes lettres.
Encercle ton plus beau « *S* » ou « *s* » sur chaque ligne.

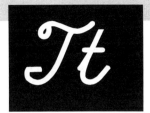

Trace les lettres, puis écris les mêmes lettres.
Encercle ton plus beau « $\mathcal{T}$ » ou « t » sur chaque ligne.

Trace les lettres, puis écris les mêmes lettres.
Encercle ton plus beau « *U* » ou « *u* » sur chaque ligne.

Trace les lettres, puis écris les mêmes lettres.
Encercle ton plus beau « $\mathcal{U}$ » ou « v » sur chaque ligne.

Trace les lettres, puis écris les mêmes lettres.
Encercle ton plus beau « *Ul* » ou « *w* » sur chaque ligne.

Ul Ul Ul Ul Ul Ul Ul Ul Ul

Ul

Ul

Ul

w w w w w w w w w

w

w

we

wi

wh

wo

Trace les lettres, puis écris les mêmes lettres.
Encercle ton plus beau « $\mathcal{X}$ » ou « x » sur chaque ligne.

Trace les lettres, puis écris les mêmes lettres.
Encercle ton plus beau « $\mathcal{Y}$ » ou « y » sur chaque ligne.

Trace les lettres, puis écris les mêmes lettres.
Encercle ton plus beau « *f* » ou « *z* » sur chaque ligne.

avion

Connais-tu d'autres mots qui commencent par la lettre A?

a   *a*

a   *a*

a   *a*

B b

B

bébé

Connais-tu d'autres mots qui commencent par la lettre B?

b   b

b   b

b   b

Cc

cadeau

Connais-tu d'autres mots qui commencent par la lettre C?

C   C

C   C

C   C

Dd

dinosaure

Connais-tu d'autres mots qui commencent par la lettre D?

d   *d*

d   *d*

d   *d*

Ee

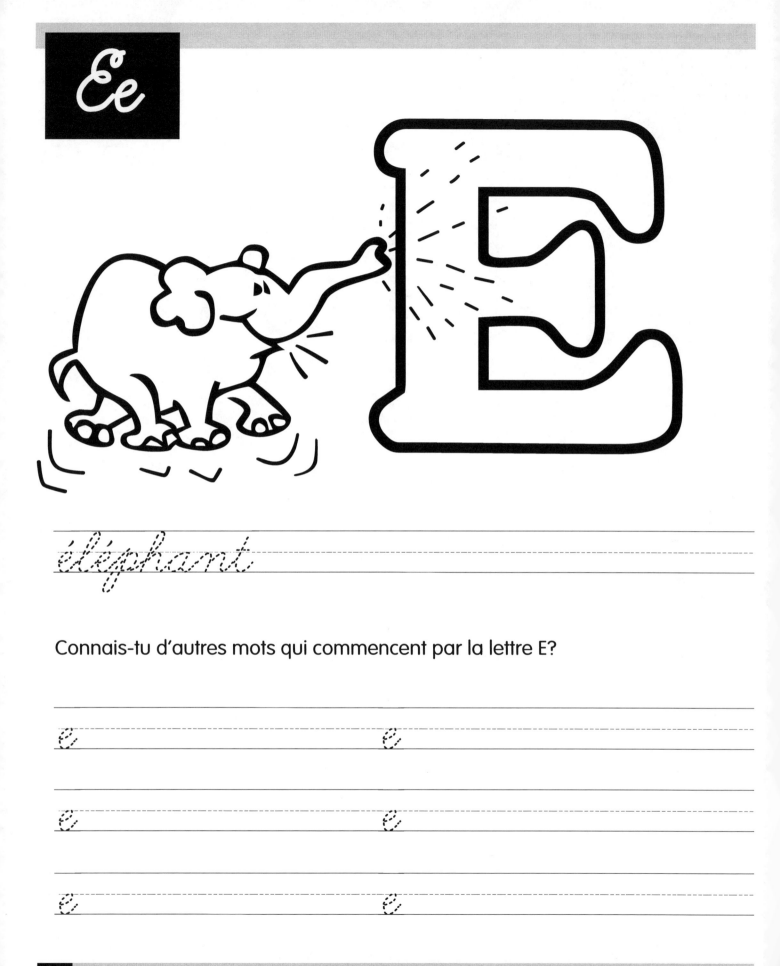

éléphant

Connais-tu d'autres mots qui commencent par la lettre E?

e   *e*

e   *e*

e   *e*

fontaine

Connais-tu d'autres mots qui commencent par la lettre F?

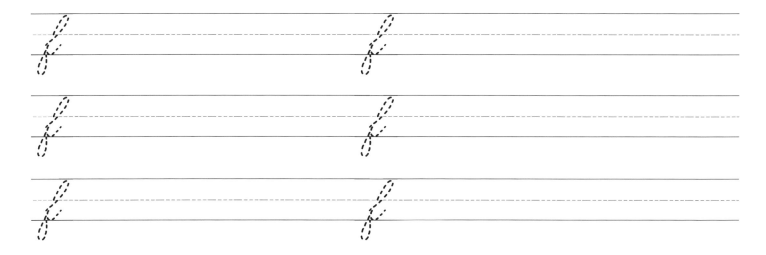

gorille

Connais-tu d'autres mots qui commencent par la lettre G?

$\mathcal{H}h$

hippopotame

Connais-tu d'autres mots qui commencent par la lettre H?

h   *h*

h   *h*

h   *h*

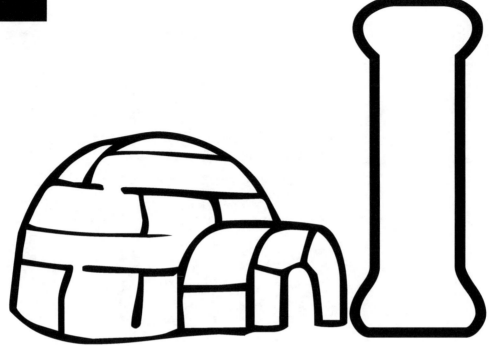

igloo

Connais-tu d'autres mots qui commencent par la lettre I?

i   i

i   i

i   i

jaguar

Connais-tu d'autres mots qui commencent par la lettre J?

koala

Connais-tu d'autres mots qui commencent par la lettre K?

Ll

lion

Connais-tu d'autres mots qui commencent par la lettre L?

Mm

maman

Connais-tu d'autres mots qui commencent par la lettre M?

m   *m*

m   *m*

m   *m*

nid

Connais-tu d'autres mots qui commencent par la lettre N?

n   *n*

n   *n*

n   *n*

Oo

O

opéra

Connais-tu d'autres mots qui commencent par la lettre O?

O   O

O   O

O   O

panda

Connais-tu d'autres mots qui commencent par la lettre P?

p　　　　　　p

p　　　　　　p

p　　　　　　p

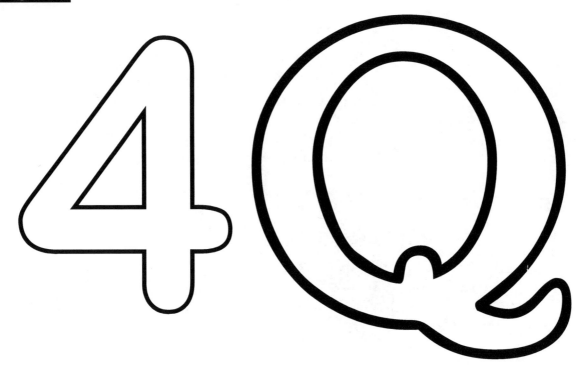

quatre

Connais-tu d'autres mots qui commencent par la lettre Q?

Rr

robot

Connais-tu d'autres mots qui commencent par la lettre R?

r   *r*

r   *r*

r   *r*

soleil

Connais-tu d'autres mots qui commencent par la lettre S?

Tt

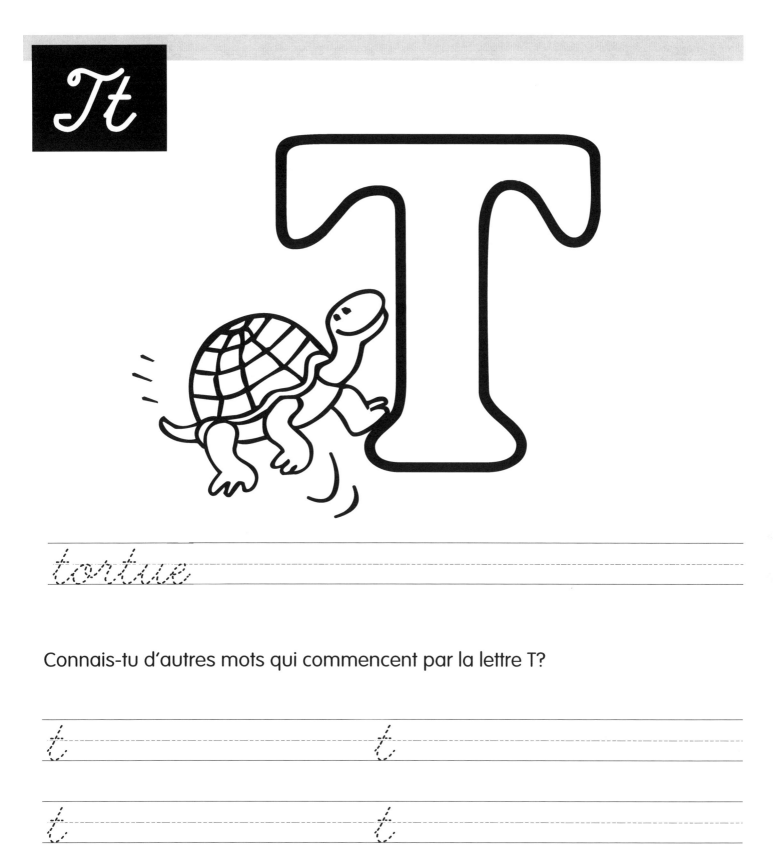

tortue

Connais-tu d'autres mots qui commencent par la lettre T?

t   *t*

t   *t*

t   *t*

Uu

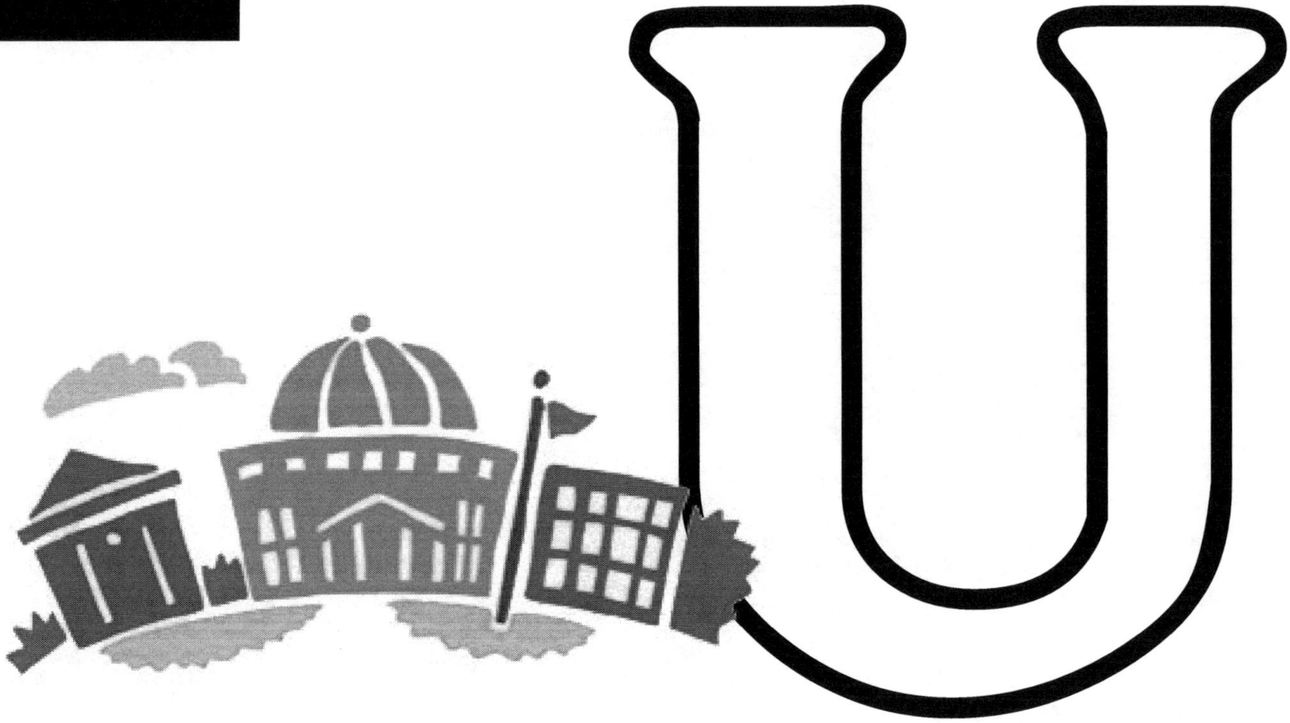

université

Connais-tu d'autres mots qui commencent par la lettre U?

u u

u u

u u

𝒰𝓋

𝓋𝒾𝑜𝓁𝑜𝓃

Connais-tu d'autres mots qui commencent par la lettre V?

𝓋

𝓋

𝓋

𝓋

𝓋

𝓋

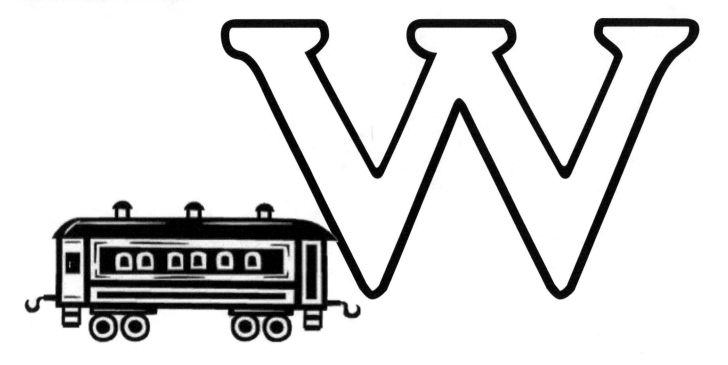

Uw

wagon

Connais-tu d'autres mots qui commencent par la lettre W?

w   *w*

w   *w*

w   *w*

Xx

xylophone

Connais-tu d'autres mots qui commencent par la lettre X?

yo-yo

Connais-tu d'autres mots qui commencent par la lettre Y?

Y   *Y*

Y   *Y*

Y   *Y*

zoo

Connais-tu d'autres mots qui commencent par la lettre Z?

Autres exercices d'écriture

Autres exercices d'écriture

K   *K*

k   *k*

L   *L*

l   *l*

M   *M*

m   *m*

N   *N*

n   *n*

O   *O*

o   *o*

Autres exercices d'écriture

un

deux

trois

quatre

cinq

six

sept

huit

neuf

dix

onze

douze

treize

quatorze

quinze

seize

dix-sept

dix-huit

dix-neuf

vingt

trente

quarante

cinquante

soixante

soixante-dix

quatre-vingts

quatre-vingt-dix

cent

mille

million

milliard

Colorie chaque petit nuage de la couleur indiquée. Ensuite, trace les noms de couleurs, puis écris toi-même les noms.

jaune

bleu

rouge

orange

vert

violet

rose

brun

Colorie chaque petit nuage de la couleur indiquée. Ensuite, trace les noms de couleurs, puis écris toi-même les noms.

beige

or

argent

noir

gris

turquoise

blanc

pêche

Défi d'écriture cursive

Colorie chaque case après que tu as réussi le défi d'écriture cursive indiqué.

Transcris ton poème préféré.	Transcris les paroles de ta chanson préférée.	Écris un poème.
Transcris une recette.	Rédige une invitation pour une occasion spéciale.	Transcris cinq proverbes ou dictons.
Écris quelques-unes de tes blagues préférées.	Dresse une liste de tes livres préférés.	Écris une lettre à une amie, un ami ou un parent.
Dresse une liste d'épicerie.	Écris cinq devinettes que tu aimes.	Transcris les règles d'un jeu.

Exercice d'écriture - Les jours

Trace les noms des jours, puis écris-les toi-même.

lundi

mardi

mercredi

jeudi

vendredi

samedi

dimanche

Exercice d'écriture - Les mois

Trace les noms des mois, puis colorie les images.

janvier

février

mars

avril

mai

juin

Exercice d'écriture - Les mois

Trace les noms des mois, puis colorie les images.

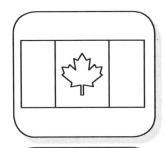 *juillet*

 *août*

 *septembre*

 *octobre*

 *novembre*

 *décembre*

Exercice d'écriture - Les saisons

Trace les noms des saisons, puis écris-les toi-même. Ensuite, dresse une liste des activités que tu aimes faire à chaque saison.

été

automne

hiver

printemps

Ta collection de signatures!

Grille d'évaluation - Écriture cursive

Date : _____

	Débutant(e)	Fait des progrès	Compétent(e)	Excelle
Forme des lettres	Très peu de lettres sont formées correctement.	Plusieurs lettres sont formées correctement.	La plupart des lettres sont formées correctement.	Presque toutes les lettres sont formées correctement.
Inclinaison des lettres	L'inclinaison des lettres est très peu uniforme.	L'inclinaison des lettres est un peu uniforme.	L'inclinaison des lettres est assez uniforme.	L'inclinaison des lettres est très uniforme.
Placement entre les lignes	Très peu de lettres sont placées entre les lignes.	Plusieurs lettres sont placées entre les lignes.	La plupart des lettres sont placées entre les lignes.	Presque toutes les lettres sont placées entre les lignes.
Espace entre les mots	Très peu de mots sont espacés de manière appropriée.	Plusieurs mots sont espacés de manière appropriée.	La plupart des mots sont espacés de manière appropriée.	Presque tous les mots sont espacés de manière appropriée.
Propreté	Très peu de lettres ou de mots sont lisibles.	Plusieurs lettres ou mots sont lisibles.	La plupart des lettres ou des mots sont lisibles.	Presque toutes les lettres ou tous les mots sont lisibles.
Travail quotidien	Les habiletés d'écriture cursive acquises sont rarement mises en application dans le travail quotidien.	Les habiletés d'écriture cursive acquises sont parfois mises en application dans le travail quotidien.	Les habiletés d'écriture cursive acquises sont presque toujours mises en application dans le travail quotidien.	Les habiletés d'écriture cursive acquises sont régulièrement mises en application dans le travail quotidien.

Observations de l'enseignant(e) :

_____

_____

_____

Lettres qui exigent plus de travail :

QUEL
BON TRAVAIL!

_____

Continue!

ÉTOILE DE L'ÉCRITURE!

_____

Continue ton bon travail!

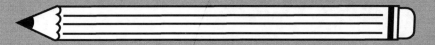